18

供电企业生产技能人员标准化作业培训教材

输电线路停电综合检修

福建省电力有限公司　组编

输变电

中国电力出版社
CHINA ELECTRIC POWER PRESS

内 容 提 要

本册书是按照《供电企业生产技能人员标准化作业培训教材》体系的要求，结合生产实际编写而成。本册书主要介绍输电线路停电综合检修作业内容、质量标准与控制、安全风险分析与预控措施及管理与记录要求。通过对工艺流程及作业案例的介绍，使读者熟悉和掌握作业前的准备工作、作业中的危险点预控、工艺标准和质量要求等内容。

本册书作者都是长期从事电力生产一线的员工，有较为丰富的现场实际经验，所列举的案例也是实际生产过程中所发生的，具有较强的生产现场指导意义。本册书可作为供电企业输电线路生产技能人员的培训教学用书，也可作为电力职业院校教学参考用书。

图书在版编目（CIP）数据

供电企业生产技能人员标准化作业培训教材．输变电/福建省电力有限公司组编．—北京：中国电力出版社，2012.12

ISBN 978-7-5123-3810-4

Ⅰ．①供…　Ⅱ．①福…　Ⅲ．①供电－工业企业管理－标准化管理－中国－技术培训－教材　②输电－电力系统－技术培训－教材　③变电所－电力系统－技术培训－教材　Ⅳ．①F426.61

中国版本图书馆 CIP 数据核字（2012）第 287838 号

中国电力出版社出版、发行

（北京市东城区北京站西街 19 号　100005　http://www.cepp.sgcc.com.cn）

北京九天众诚印刷有限公司印刷

各地新华书店经售

*

2013 年 1 月第一版　　2013 年 1 月北京第一次印刷

787 毫米×1092 毫米　16 开本　84 印张　1766 千字

全册定价 **232.00** 元

陈艺鑫　陈日坤　陈祥舒　陈朝晖　陈德兴

林　衡　林一泓　林志敏　林志强　林轶群

林海渊　欧世尧　欧永连　罗　松　罗　毅

金建宁　郑哲人　郑雄俊　郑黎斐　赵道阳

施　纬　施广宇　洪西卿　钱志立　翁晓锋

涂恩来　黄　亮　黄国敏　董　磊　傅智为

潘晨曦

前言

preface

为了更好地服务“五大”体系建设，提升生产技能人员良好的“职业化”行为习惯，建立与现场标准化作业生产环境一致的培训课程体系，福建省电力有限公司以现场标准化作业指导书为蓝本，组织开展生产技能标准化作业培训教材的编写工作。为确保教材的编写质量和进度，由总工程师李功新主抓此项工作，多次召集工作协调会，定期听取编写进度汇报；人力资源部负责教材编写的组织工作，运维检修部、科技信通部和调度控制中心负责教材编写的具体工作，福建省电力有限公司和基层单位技术专家组成教材编写与审定小组，公司培训中心负责教材编写框架和编写规范的制订、编写进度跟踪及其他协调工作。

本套教材集中了福建省电力有限公司众多专家学者的智慧，采用了全新的组织架构，突出了基于现场标准化作业的培训特色。本套教材分为配电专业、输变电专业和二次专业三本书，包括91项现场标准化作业项目（子分册），具有很强的针对性和实用性。各项目（子分册）分为两部分：第一部分介绍了各项目的工作流程、工作质量标准与控制、危险点分析与预控、管理与记录要求、作业案例等；第二部分罗列了标准化作业指导书等标准化作业文本，并结合第一部分的作业案例说明了标准化文本的填写规范。部分项目（子分册）还在附录部分对设备等内容进行了说明。

其中，配电专业分为架空线路、配电设备、计量装置及其他设备，由福建省电力有限公司运维检修部高级工程师姚亮担任编写组长，福州电业局、厦门电业局、莆田电业局、泉州电业局、漳州电业局、龙岩电业局、三明电业局、南平电业局、宁德电业局、福清电力公司、石狮电力公司、晋江电力公司、南安电力公司、长乐电力公司等单位的专家参与编写工作。输变电专业分为开关类、线圈类和架空线路及电缆，由福建省电力有限公司运维检修部高级工程师林平担任编写组长，福建省电力科学研究院、检修分公司、福州电业局、厦门电业局、莆田电业局、泉州电业局、漳州电业局、龙岩电业局、三明电业局等单位的专家参与编写工作。二次专业分为继电保护、综合自动化、直流系统和电力通信，由福建省电力有限公司调度控制中心高级工程师宋福海、科技信通部高级工程师连纪文担任编写组长，福建省电力科学研究院、检修分公司、信息通信分公司、福州电业局、厦门电业局、莆田电业局、泉州电业局、龙岩电业局、三明电业局、南平电业局等单位的专家参与编写工作。

本册由厦门电业局严有祥担任编写组长，厦门电业局叶色亮、福州电业局王全兴、泉州电业局吴志成、三明电业局沈明松、李春等编写；福建省电力有限公司运维检修部吴虹主审，福建省电力有限公司运维检修部林力辉、漳州电业局李郭然、福建省电力有限公司检修分公司倪孟华、厦门电业局胡志猛、吴增辉、福建省电力科学研究院李强等参审。

本教材在编写、审定过程中得到了福建省电力有限公司有关单位领导和专家的大力支持和帮助，在此一并感谢。同时，也感谢中国电力出版社的大力支持。

由于编者能力所限及编写时间仓促，难免存在疏漏之处，恳请各位专家和读者提出宝贵意见。

contents 目录

第一部分

标准化作业培训

1 作业描述

输电线路停电综合检修是根据检修计划或发现的缺陷，对整条输电线路进行全面综合性检查、测试，包括检查杆塔基础、杆塔本体、导地线、绝缘子、金具和输电线路走廊通道等，对发现的缺陷进行处理，是输电线路运维与检修的一项综合性工作。

2 工作流程

输电线路停电综合检修的工作流程如图 1-1 所示。

3 工作质量标准与控制

3.1 引用标准

GB 50233—2005 《110kV～500kV 架空送电线路施工及验收规范》

GB 50545—2010 《110kV～750kV 架空输电线路设计规范》

3.2 检修质量控制

（1）验电挂接地线：登杆塔前务必核对线路名称、杆号及线路色标。对线路逐相进行验电、验明线路确无电压后，即在线路上挂接地线。挂接地线时，其接地端和导线端必须接触良好、可靠。接地线组件在杆塔上绑扎牢固，不能大幅摆动或掉落。

（2）检查防护区：登上杆塔后，应仔细观察大号侧和小号侧导线对地面、树木、构筑物的距离是否满足《110kV～750kV 架空输电线路设计规范》的要求，注意通道内有无吊车、爆破等施工点。

（3）检查杆塔本体：塔材及螺栓是否缺失、腐蚀或松动。水泥构件是否脱落、露筋、裂纹。

（4）检查导地线及防振锤：地线有无生锈或断股等损伤，导线是否损伤，防振锤有无损坏、滑移，脱落。

（5）检查金具：有无锈蚀、裂纹，连接是否正常，开口销是否完好，护线条完好情况。

（6）检查导线连接器：弹簧片是否压平，接触是否良好，并沟线夹是否裂纹。

（7）瓷、玻璃绝缘子清扫及瓷绝缘子零值检测：清扫绝缘子，检查瓷裙、瓷釉、钢帽、球棍、灌注水泥、弹簧销是否正常，检测绝缘情况，发现零值瓷绝缘子及时汇报、记录。

（8）合成绝缘子外观检查：使用专用出线工具，检查伞裙、芯棒是否老化、破损，金属部件连接处密封是否良好。PRTV 涂层是否龟裂、破损、老化。

（9）附属设施检查：可控放电避雷针、线路避雷器、驱鸟器、在线监控装置等是否牢固可靠。

（10）基础情况：检查基面、排水系统完好情况，接地装置完好情况。

（11）拆除接地线：确认本班工作人员均已撤离杆塔后，指挥拆除本班所挂接的所有接地线。

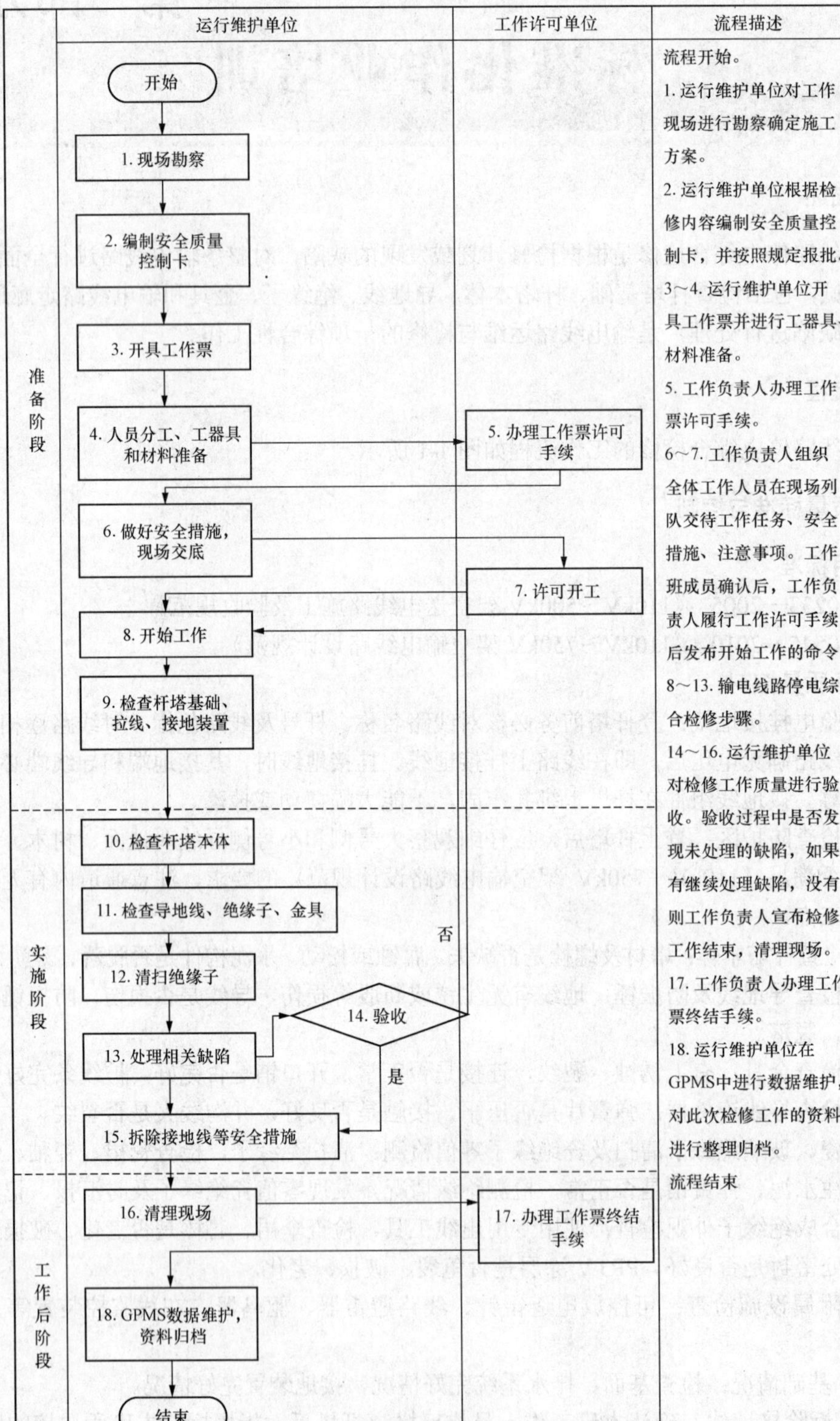

图 1-1　输电线路停电综合检修的工作流程图

4 安全风险分析与预控

4.1 危险点 1：触电

事故案例

×月×日，××电业局送电部在 220kV××变电站实施 110kV××线停电更换出线构架绝缘子。当工作班成员谢×将××线 V 相进线绝缘子串脱出、准备往地面放落时，该相导线突然从翼型卡上脱落下坠，致使与下方带电的 110kV 旁路母线 A 相距离太近而放电。在导线上作业的谢×也随导线坠落，因被挂在导线上的安全带拉住未坠落到地面，腹部和臀部被电弧烧伤，构成轻伤事故。

防范措施

（1）更换绝缘子和移动导线的作业，当采用单吊线装置时，应采取防止导线脱落时的后备保护措施。(《国家电网公司电力安全工作规程（线路部分）》第 8.1.9 条）

（2）有缺陷的带电作业工具应及时修复，不合格的应予报废，禁止继续使用。(《国家电网公司电力安全工作规程（线路部分）》第 10.12.1.5 条）

（3）停电检修的线路如与另一回带电线路相交叉或接近，以致工作时人员和工器具可能和另一回导线接触或接近至安全距离以内，则另一回线路也应停电并予接地。(《国家电网公司电力安全工作规程（线路部分）》第 5.2.1 条）

4.2 危险点 2：高处坠落

事故案例

6 月 8 日，××供电公司对×××路进行增加绝缘子工作。8:10，线路二班一组到××号铁塔增加绝缘子工作。按照工作程序，先用 3t 葫芦把导线回收，退去绝缘子串的受力，然后在绝缘子与球头挂环连接处断开，加装绝缘子。11:55，在完成 13 号铁塔增加绝缘子工作后准备拆除紧线器时，由于距离较远，施工人员只能骑坐在绝缘子串上作业。施工人员巴×将安全带系在 13 号铁塔 V 相绝缘子串上，正准备作业时，绝缘子 U 型挂环与铁塔挂点处螺栓发生脱落，导致绝缘子串滑脱，致使骑坐在绝缘子串上的巴×坠地。其他工作人员随即将其送往医院进行抢救，因伤势过重抢救无效，于 12:30 死亡。

防范措施

（1）作业人员攀登杆塔、杆塔上转位及杆塔上作业时，手扶的构件应牢固，不准失去安全防护，并防止安全带从杆顶脱出或被锋利物损坏。(《国家电网公司电力安全工作规程（线路部分）》第 6.2.3 条）

（2）在杆塔上作业时，应使用有后备绳或速差自锁器的双控背带式安全带，当后保护绳超过 3m 时，应使用缓冲器。安全带和保护绳应分别挂在杆塔不同部位的牢固构件上。(《国家电网公司电力安全工作规程（线路部分）》第 6.2.4 条）

（3）高处作业人员在作业过程中，应随时检查安全带是否拴牢。高处作业人员在转移作业位置时不准失去安全带防护。(《国家电网公司电力安全工作规程（线路部分）》第 7.10 条）

（4）工作负责人、专责监护人应始终在工作现场，对工作班人员的安全进行认真监护，及时纠正不安全的行为。(《国家电网公司电力安全工作规程（线路部分）》第 2.5.1 条）

5 管理与记录要求

（1）召开班前会、班后会。

（2）将检修记录、缺陷处理记录等相关作业记录输入 GPMS 系统。

（3）将班前会和班后会录音上传至 GPMS 系统，并做好登记。

（4）将本次作业过程记录录入到 GPMS 系统，进行评估和终结作业流程。

6 作业案例

以 110kV××线停电综合检修为例。

6.1 作业准备阶段

6.1.1 准备工作

序号	工 作 项 目	工作内容或要求	备注
1	查阅资料，确定检修项目，明确检修任务分工和时间安排。必要时安排现场勘察	查阅缺陷记录、上次检修记录和相关巡视记录，确定检修项目。根据任务情况和人员情况，进行任务分配并明确时间要求	
2	编制安全质量控制卡	包含更换工作任务的人员分工、作业方案、质量控制流程和工艺标准、作业危险点分析及控制措施等内容	
3	材料和工具准备	根据安全质量控制卡准备相应工具和材料	

6.1.2 召开班前会

序号	内 容	标 准	备注
1	人员分工	根据作业内容及工作量确定具体的人员分工	
2	技术交底	明确作业方法、工艺及质量标准	
3	进行危险点分析并制定控制措施	危险点分析及控制措施详尽并有针对性	

6.1.3 填写并签发工作票

完整填写线路第一种工作票并履行审批、签发手续。

6.2 作业实施阶段

6.2.1 作业开工

序号	工作项目	工作内容或要求	备注
1	办理工作许可手续	作业前与调度联系线路确已停电，办理工作许可手续，并且安全措施已布置完毕，可以作业	
2	宣读工作票	1．工作负责人召集全体人员列队，宣读工作票，工作人员列队认真听票。 2．工作负责人讲明工作中的危险点及控制措施，并进行提问，无问题后工作班人员在工作票上签字确认后，方可开始作业	
3	核对工作范围及设备	工作负责人接到工作许可命令后，率领工作班成员到达现场。工作负责人要亲自按工作票核对作业线路名称、杆塔号和色标	

表（续）

序号	工作项目	工作内容或要求	备注
4	验电、挂接地线	1．由专人用合格的验电器在作业地段前后杆塔验电，并设专人监护。 2．验明线路确无电压后，开始装设接地线。应先接接地端后接导线端，接地线应接触良好，连接可靠；接地线不得缠绕；接地线组件在杆塔上绑扎牢固，不得大幅摆动或掉落	

6.2.2 作业内容及质量控制流程

序号	作业项目或内容	作业要求及工艺质量标准
1	检查防护区	导线对地、树、建筑物等安全距离，注意吊车、爆破等施工点
2	检查杆塔本体	塔材及螺栓是否缺失、腐蚀或松动。水泥构件是否脱落、露筋、裂纹
3	检查导地线及防振锤	地线有无生锈或断股等损伤，导线是否损伤，防振锤有无损坏、滑移，脱落
4	检查金具	有无锈蚀、裂纹，连接是否正常，开口销是否完好，护线条完好情况
5	检查导线连接器	弹簧片是否压平，接触是否良好，并沟线夹是否裂纹
6	瓷、玻璃绝缘子清扫及瓷绝缘子零值检测	清扫绝缘子，检查瓷裙、瓷釉、钢帽、球棍、灌注水泥、弹簧销是否正常，检测绝缘情况，发现零值瓷绝缘子及时汇报
7	合成绝缘子外观检查	使用专用出线工具，检查伞裙、芯棒是否老化、破损，金属部件连接处密封是否良好。PRTV 涂层是否龟裂、破损、老化
8	附属设施检查	可控放电避雷针、线路避雷器、驱鸟器、在线监控装置等是否牢固可靠
9	基础情况	检查基面、排水系统完好情况，接地装置完好情况
10	拆除接地线	确认本班工作人员均已撤离杆塔后，指挥拆除本班所挂接的所有接地线

6.3 作业结束阶段

序号	工作程序名称	工作内容或要求	备注
1	作业现场清理	达到工完、场清、料净	
2	盘点工具、材料数量	按工器具和材料附表核实工具、材料数量	
3	申请办理质量验收	由验收单位按工艺标准及有关规程组织施工质量验收	
4	拆除接地线、人员撤离	工作结束后，工作负责人检查作业现场无问题、确定所有人员下塔后，下令拆除接地线	
5	办理工作票终结手续	工作负责人向工作许可人汇报作业结束，现场人员全部下塔后，线路所挂的接地线已全部拆除，没有遗留问题，可以恢复送电	

6.4 作业小结

（1）召开班后会。

（2）如有更换绝缘子或其他部件，应相应修改台账数据。

（3）将班前会和班后会录音上传至 GPMS 系统，并做好登记。

（4）将本次作业过程记录录入到 GPMS 系统，进行评估和终结作业流程。

思考与练习

1. 输电线路停电综合检修主要安全风险有哪些？作业时，如何防止触电？
2. 停电清扫绝缘子时，应注意哪些事项？

第二部分 标准化作业文本

1 标准化作业指导书

110kV ××线停电综合检修作业指导书

编写：__________ _____年___月___日

审核：__________ _____年___月___日

批准：__________ _____年___月___日

工作负责人：

作业日期：　　年　　月　　日　　时至　　年　　月　　日　　时

××××公司

1 范围

本作业指导书适用于线路停电综合检修。内容包括：登杆（塔）检查、清洗绝缘子、零值绝缘子检测和线路缺陷处理（不包括出导、地线作业和需要松紧导地线的作业）。

2 引用文件

GBJ 233—1990 《110kV～500kV 架空电力线路施工及验收规范》
DL/T 509—1999 《110kV～500kV 架空送电线路设计技术规程》

3 环境条件

（1）作业现场的生产条件和安全设施应符合有关标准、规范的要求。

（2）作业应在良好的天气下进行，工作中遇有雷、雨、雾及五级以上的大风等恶劣天气时，应立即停止工作。

4 检修前准备

4.1 准备工作安排

√	序号	内　　容	标　　准	责任人	备　注
	1	停电工作前按规定向调度部门提出申请，并得到批准	根据检修计划并符合调度规范		
	2	根据线路现场实际情况和线路运行档案资料及规范标准等编制本标准作业指导书	根据需要，必要时应先行现场勘察，再编制本作业指导书		
	3	组织人员学习本作业指导书，明确危险点及控制措施，明确人员分工。作业人员根据检修工作任务准备工器具、材料	1．参加作业人员应熟悉自己在本次检修工作中的具体工作任务、工艺标准以及作业中的危险点和应采取的安全措施及安全注意事项。 2．检修作业所使用的工器具（含起重绳索）必须是按规定试验合格，并满足本检修作业的要求。 3．材料必须是电力系统入网厂家的产品，并具有出厂合格证。 4．金具、绝缘子（瓷玻璃、合成）应进行外观检查，瓷绝缘子应进行零值检测。 5．材料应齐全，充足		
	4	填写工作票	根据《国家电网公司电力安全工作规程（线路部分）》、《两票实施细则》和线路现场实际情况填写工作票，安全措施应符合实际要求		

4.2 人员要求

√	序号	内　　容	责任人	备注
	1	作业人员经《电业安全工作规程》考试合格		
	2	身体健康符合《电业安全工作规程》规定，精神状态良好		
	3	作业人员应具备送电线路初级工及以上的检修技能水平，并持有上岗证。能胜任送电线路检修工作		

表（续）

√	序号	内 容	责任人	备注
	4	作业人员应着本单位统一发放的劳保服装，配戴齐全劳保用品和个人工具。工作负责人、监护人在工作期间应着相应的红马夹		

4.3 设备了解

√	序号	准备内容及要求	备 注
	1	了解作业设备的名称、编号、位置及近邻设备情况	
	2	了解作业时的停电范围及近邻设备运行状态	
	3	了解作业杆塔型式及所处地形、地貌	
	4	了解各杆塔水平（耐张塔）、垂直（直线塔）档距大小	
	5	了解交叉跨越情况	
	6	了解当天天气状况	

4.4 工器具准备

√	序号	名 称	型 号	单位	数 量	备 注
	1	验电器（笔）	与检修线路电压等级相应的专用验电器（笔）	支	2	
	2	绝缘手套		副	2	
	3	接地线	与检修线路电压等级相应的专用成套接地线	组	2	
	4	传递绳		条	根据实际需要	
	5	安全带	双控	条	人手一条	
	6	个人工具		套	人手一套	
	7	短软梯		副	根据实际需要	
	8	耐张绝缘子串出线过渡工具		根	根据实际需要	
	9	单滑车	1t	只	根据实际需要	
	10	起重尼龙绳	ϕ15	条	长度与条数按实际需要	
	11	脚扣	ϕ300 固定或活动	副	根据实际需要	
	12	水桶		只	若干	
	13	抹布（毛巾）		块	若干	
	14	零值绝缘子检测仪		只	2	
	以上作业工器具机械及电气强度均应满足《电业安全工作规程》要求，周期预防性、检查性试验合格					

4.5 材料

√	序号	名 称	型 号	单位	数量	备 注
	1	弹簧销（W 形销）	XP—70、XP—100 及合成绝缘子配用	只	若干	

表（续）

√	序号	名　称	型　号	单位	数量	备　注
	2	开口销、闭口销或R型销		只	若干	
	3	螺栓	$\phi16\times45$	副	若干	
	4	并沟线夹	与检修线路导、地线型号相适应	只	若干	
	5	悬垂线夹	与检修线路导线型号相适应	只	根据实际需要	
	6	铝线股	与检修线路导线型号相同的导线股	kg	若干	
	7	镀锌铁丝	12号	kg	若干	
	8	砂纸	3号	张	若干	
	9	导电膏		支	若干	
	10	中性洗涤剂		瓶	若干	
	11	水	饮用水或自然无污染的清洁水	kg	根据实际需要	

4.6 危险点分析及预控措施

√	序号	危　险　点
	1	在进行杆（塔）的攀登过程中，由于脚钉松脱或折断、爬梯固定螺栓松脱或损坏、脚扣打滑或扣带损坏、脚扣没扣紧主杆等会发生高空坠落
	2	水泥杆拉线、拉线塔拉线松弛、损坏、受力不平衡，工作人员攀登杆时，在动荷载的冲击下可能发生倒杆、倒塔、人员坠落事故
	3	安全带没有系在牢固的杆塔构件上或安全带没系好，会发生高空坠落
	4	杆塔上作业转位时，失去安全带的保护可能发生高空坠落（杆塔上不同工作位置之间的转移和上下杆塔，工作人员没有安全带的保护不应在前述范围内，但这时作业人员应特别注意，精神集中，攀爬过程中手应抓紧，脚要踩实，确保在杆塔攀登和杆塔上不同位置间的转移过程的安全）
	5	同塔双回路架设，一回路停电检修而另一回路带电运行。攀登杆塔前没有认清工作线路的名称、杆塔号和在无人监护的条件下攀登杆塔作业，会发生误登（进）带电运行线路而触电
	6	多回邻近平行走向的线路中，其中一回路停电检修，其余线路带电运行。攀登杆塔前没有认清工作线路的名称、杆塔号和在无人监护的条件下攀登杆塔作业，会发生误登（进）带电运行线路而触电
	7	多回路邻近平行走向或双回长距离邻近平行走向或交叉跨越以及同塔双回路架设的电力线路，其中一回停电检修，其余线路带电运行时，停电线路上有感应电压存在，如果没有防范，会发生人身触电（感应电）或高空坠落
	8	在检修线路停电、验电、挂接地线时，未按《电业安全工作规程》规定的程序和要求操作时，可能发生人身触电和高空坠落
	9	金具、绝缘子串的金具或球棍等腐蚀严重，工作人员进入金具、绝缘子串时，对其造成动荷载冲击，可能造成金具、绝缘子串断串甚至于造成作业人员高空坠落
	10	雷暴天气情况下，在杆塔上工作，尤其是在架空地线上的工作可能造成作业人员被雷电击中
	11	在临近带电电力线路的停电线路上检修作业使用绳索时，绳索的尾绳没有控制好，会因风飘移造成对带电电力线路的安全距离不足而触电

表（续）

√	序号	危　险　点
	12	雨天气候条件下，在杆塔上工作可能造成作业人员在攀爬杆塔或作业过程中手、脚打滑而失稳，甚至造成作业人员高空坠落
	13	大风天气情况下，在杆塔上工作可能造成作业人员在攀爬杆塔或作业过程中被大风刮落，造成作业人员高空坠落
	14	使用绳索传递工器具、材料时，被传递物绑扎不规范或绑扎不牢固，在提升过程可能突然掉落造成人员伤害
	15	高空作业的下方工作人员不戴安全帽或有其他人员逗留时，可能发生高空坠物造成人身伤害
	16	在起吊重物作业的过程中，提升力量不足或没有有效的制止重物回落的措施时，可能造成重物坠落而引发人身伤害
	17	在使用人力（民工）进行起吊重物作业时，没有有经验的师傅临场统一指挥时，可能造成重物坠落而引发人身伤害
	18	线路检修时，单人单独登杆塔作业，遇到意外情况无人照应、帮助，可能发生意外人身伤害

4.7 安全措施及注意事项

√	序号	内　容
	1	严格认真执行工作票制度，各级人员安全职责明确。工作负责人在每天开工前应认真组织开好班前会，明确每个人的工作任务，安全注意事项和要求
	2	工作负责人必须在得到工作许可人的工作许可命令后，方可指挥本班工作人员在停电工作线路上验电、接地（工作段两端和可能来电的 T 接点），而后进行线路检修作业
	3	110～220kV 的停电检修线路上若有感应电压存在时应加挂接地线，若要进行短接线路绝缘子串的工作，则必须在工作点先加挂一组接地线，而后方可开始工作
	4	对停电线路进行验电，挂接地线时，应严格按照《电业安全工作规程》规定的操作程序和要求执行。送电线路的验电接地必须使用合格的、相应电压等级的专用验电器和接地线
	5	对停电线路进行验电、接地时，必须使用合格的、相应电压等级的专用验电器和接地线。在对线路进行验电前，必须先对验电器的声、光信号进行检查，不正常的验电器严禁使用
	6	同塔双回路架设或多回路平行走向的输电线路，其中一回线路停电检修时，作业人员上杆塔前，必须至少有两人共同确认停电线路的名称和杆塔号后，再在一人监护的条件下登杆塔作业。不得进入带电侧横担，并与带电体保持 110kV——1.5m、220kV——3.0m 及以上安全距离
	7	送电线路检修作业小组每小组至少有两人协作，工作监护人在本组人员没有触电危险的条件下，可以参加工作，但不得分散单人单杆塔单独作业
	8	送电线路检修作业人员在攀登杆塔之前，应对本杆塔的本体及其基础、拉线和脚钉（爬梯）的稳固情况进行检查。凡发现杆塔本体结构改变，杆塔基础（包括拉线基础）有塌方、下陷、冲刷、开挖等危及杆塔稳定的，杆塔拉线损坏或受力不平衡的，爬梯或脚钉损坏影响作业人员安全的情况等，作业人员不得上杆塔作业。但通过对杆塔拉线的调整、修复后恢复杆塔稳定的，爬梯或脚钉修复后不影响攀登杆塔人员安全的，作业人员可继续攀登杆塔进行线路检修作业
	9	杆塔上作业人员必须使用双控安全带，且安全带应系在杆塔上牢固的构件上，并防止安全带被锋利的构件割伤。系安全带时，还应注意正确搭扣、紧固并防止松脱
	10	在邻近带电电力线路的停电线路上工作使用绳索时，应控制好绳索，避免其因风飘移造成对带电线路的安全距离不足
	11	杆塔上作业人员应使用工具包，注意防止工器具、材料掉落，传递工器具、材料上下杆塔应使用绳索，严禁直接从杆塔上扔下。使用绳索进行工器具、材料传递时，应注意规范系好、系牢被传递物品，避免其在传递过程中突然掉落。高空作业点下方和物品传递位下方不得有人员逗留

表（续）

√	序号	内容
	12	在线路检修作业过程中若遇雷、雨、大风（同塔双回路架设线路五级、单回架设线路六级）天气，或其他威胁作业人员安全的情况时，作业人员应及时向工作负责人汇报，工作负责人应根据现场具体情况，可临时中断工作。连续两天及以上的线路停电检修夜间中断工作，以及上述因故中断工作后的恢复工作之前，工作负责人应事先派人对线路上的接地线等安全措施进行检查，各项安全措施完整没问题后方可继续工作。凡在中断工作时拆除线路临时接地线的，在恢复工作前必须再次进行验电、接地后方可继续工作。凡工作票已终结的，要再次进行工作的，则必须重新办理工作票，履行工作许可手续
	13	各检修班组在停电线路上所挂接的所有临时的或固定的接地线，均必须登记在册并明确其负责人，工作结束时及时校对，确保无误
	14	采用合成绝缘子串的送电线路检修时，作业人员进出导线必须使用过渡工具，不得直接沿合成绝缘子串直接进出导线。过渡工具的搭架（包括单联绝缘子或玻璃绝缘子串的出线）必须规范、牢靠
	15	作业人员进入金具、绝缘子串时，必须首先对金具、绝缘子串的连接情况进行检查，若发现金具、绝缘子串的连接有异常或损坏，影响作业人员的安全时，作业人员应立即退出金具、绝缘子串。通过对其进行修复后不影响作业人员安全的，以及确认其连接正常的，可继续进行检修作业
	16	在使用人力（民工）进行起吊重物作业时，必须配有足够的人力，临场必须有有经验的师傅统一指挥，并有制止重物回落的有效措施
	17	在线路检修作业现场，任何人发现有违规者，有责任当场指出并予以纠正

4.8 作业任务及分工（见检修安全质量控制卡）

√	序号	作业内容	分组负责人	作业人员
	1	工作负责人（小组负责人）1名负责组织协调现场工作和安全监护		
	2	杆塔上电工1名，负责进行停电常规检修		

5 作业程序

5.1 开工

√	序号	内容	负责人签字
	1	履行工作许可手续	
	2	宣读工作票，强调本线路检修作业的危险点和安全措施与安全注意事项，任务分工并提问作业人员。作业人员签字	
	3	作业前对工器具、材料进行清点与检查	

5.2 作业内容及标准

√	序号	作业内容	作业工序及标准	安全措施及注意事项	责任人签字
	1	验电挂接地线	1. 作业人员在监护人的监护下，带传递绳上杆塔到导线横担处，将安全带系在杆塔的牢固构件上，再将传递绳系在杆塔的适当位置上。 2. 将验电器、绝缘手套、接地线传至杆塔上并安置妥当。 3. 对线路逐相进行验电，验明线路确无电压后，即在线路上挂接地线	详见本部分4.7第1、3、4、5、6、8、9、10、11、12、13、17项	

表（续）

√	序号	作业内容	作业工序及标准	安全措施及注意事项	责任人签字
	1	验电挂接地线	4．挂接地线时，先挂接地端，后挂导线端其接地端和导线端必须接触良好、可靠。接地线组件在杆塔上绑扎牢固，不能大幅摆动或掉落。 5．接地线挂接完毕后，作业人员携带验电器、绝缘手套和传递绳下杆塔。向工作负责人报告线路验电、挂接地线工作完毕		
	2	设备检查与缺陷处理	1．停电检修线路验电、挂接地线工作完毕后，工作负责人通知各检修工作小组可以开始进行线路检修工作。 2．各检修小组作业人员接到工作负责人的"线路接地线已挂好，可以开始进行检修工作"的通知后，先校对工作线路名称、杆塔号，确认正确无误后方可开始线路检修作业。 3．检查杆塔基础（包括拉线基础）应稳固。 4．检查杆塔拉线应完好，其受力正常平衡。 5．检查杆塔本体构件应完整，连接完好，螺栓紧固件紧固良好。 6．作业人员攀登杆塔（同塔双回路架设的线路，其中一回路停电检修，这种情况下登杆塔作业必须有专人监护）。在作业停留位置应先系好安全带。 7．检查本杆塔前后侧线路通道的树线安全距离、交叉跨越安全距离是否满足要求。 8．检查杆塔本体的铁构件是否生锈、腐蚀，杆塔的连接螺栓是否紧固（新投产线路首检，每基杆塔的螺栓应全面紧固一次）。水泥构件是否风化、脱落、露筋，有无纵、横向裂纹。凡发现杆塔连接螺栓有松动或丢失的，应予以紧固或补齐。 9．检查避雷线有无生锈、腐蚀或断股等损伤。发现导线有损伤的，应根据规定方法予以处理。 10．检查避雷线金具是否完好、连接是否正常（含螺栓紧固是否正常、铜质开口销是否配齐完好、防振锤是否完好齐全）、型号是否正确。凡发现有非铜质开口销的，均应予以更换。 11．检查导线（含引流线）有无损伤。发现导线有损伤的，应根据规定方法予以处理。 12．检查导线的金具绝缘子串是否完好、连接是否正常（含螺栓紧固是否正常、铜质开口销、弹簧销是否配齐完好，防振锤是否锈蚀、是否完好齐全）、型号是否正确。凡发现有非规范铜质开口销、弹簧销的，均应予以更换。 13．检查导线连接器（压接型耐张线夹，并沟线夹）的导电接触面接触是否正常、连接是否牢固、有无过热退火现象。凡发现有接触不正常的，连接不牢固的或有过热退火现象的应予以处理或更换	详见本部分4.7第1、6、7、详见4.7第8、9、10、11、12、14、15、16、17项	
	3	绝缘子清扫	1．绝缘子清扫应从横担侧向导线侧顺次进行。 2．绝缘子的清扫通常应先用抹布沾清水或中性洗涤液进行清洗，然后再用干净的干毛巾擦净擦干绝缘子，绝缘子清洗后其表面应干净无脏迹、污垢。 3．清洗绝缘子时，应同时进行绝缘子的瓷裙、瓷釉、钢帽、球棍、灌注水泥、弹簧销以及连接金具、开口销的连接情况检查，压接型耐张线夹的接触情况和紧固情况、防振锤及线夹连接处的导线损伤情况或断股情况检查。凡发现有非规范铜质弹簧销、开口销应即予以更换，凡发现导线损伤应根据规定方法予以处理。	详见本部分4.7第1、6、7、8、9、10、11、12、14、15、16、17项	

表（续）

√	序号	作业内容	作业工序及标准	安全措施及注意事项	责任人签字
	3	绝缘子清扫	4．绝缘子的外观检查、清洗和金具检查、处理完毕后，从导线侧向横担侧顺次进行绝缘子的零值检测。 5．杆塔上工作结束，作业人员检查无遗留物后下杆塔，结束本杆塔工作任务。本检修工作小组按以上作业程序全部完成当天的工作任务后即向工作负责人汇报		
	4	缺陷处理	在线路常规检修的过程中，如有发现本作业指导书工作范围以外的缺陷处理工作，工作负责人必须按相应项目作业指导书安排工作		
	5	拆除接地线	1．工作负责人检查本线路检修工作任务已全部完成，检修工作质量良好，线路检修后具备安全可靠运行的健康水平，线路上确无遗留缺陷、无遗留材料、工器具，确认本班工作人员均已撤离杆塔后，指挥拆除本班所挂接的所有接地线。 2．拆除接地线的程序与挂接地线的程序相反。 3．拆除接地线的作业人员完成任务后下杆塔，即向工作负责人汇报：本组接地线已拆除完毕	详见本部分4.7第1、3、6、7、8、9、10、11、12、14、17项	

5.3 竣工

√	序号	内容	负责人签字
	1	本线路杆塔、拉线、导线、避雷线、金具、绝缘子均完好无损，各部件联结、连接符合标准要求	
	2	绝缘子表面干净无脏迹、污垢，绝缘子的绝缘电阻符合规程要求	
	3	线路上确无遗留材料、工器具后，确认本班工作人员均已撤离杆塔，线路上确无遗留缺陷	
	4	工作负责人检查校对本班在本线路上所挂接的接地线已全部拆除，并确认无误后，工作负责人即向工作许可人汇报，办理本线路检修工作票终结手续	
	5	做好线路检修记录并存档	

6 消缺记录

√	序号	缺陷内容	消缺人员签字

7　线路检修后遗留的缺陷及处理意见

序号	缺陷内容	工作负责人签字	备注

8　验收总结

序号	检修总结	
1	验收评价	合格
2	存在问题及处理意见	

9　指导书执行情况评估

评估内容		优		可操作项	
		良		不可操作项	
		优		修改项	
		良		遗漏项	
存在问题					
改进意见					

10　附录

2 安全质量控制卡

班组作业安全质量控制卡

作业名称：××kV××线××至××号停电综合检修

工作负责人编制：________________ 审批：________________

作业性质：停电

计划时间：____年__月__日__时__分至____年__月__日__时__分

1 作业前

1.1 内业准备

序号	类 别	规 格	单位	数量	确认
1. 工器具					
1.1	个人工具	停电作业物品—个人工具	套	1	
1.2	标配工器具	标配工器具	套	1	
1.3	专用工器具	停电作业物品—专用工器具			
2. 材料					
2.1	个人备品	停电作业物品—个人备品			
2.2	专用材料	停电作业物品—专用材料			
3. 作业文件					
3.1	工作票编号				
3.2	现场勘察单	□已勘察 □无需勘察			
3.3	检修方案制定				
3.4	检修记录卡				
4. 录音笔					
5. 实际综合人日		技工		民工	

1.2 出工准备

序号	名 称	确认
1	任务分工	
2	出工前检查作业人员着装、劳动防护用品和精神状态	

2 作业中

2.1 班前会

2.1.1 危险点分析及安全控制措施交底

序号	危险点分析	安全控制措施	确认
1	误登杆塔	1. 设专人监护。 2. 登塔前必须仔细核对线路双重命名、杆塔号，确认无误后方可上塔。 3. 现场作业人员佩带停电检修线路的识别标志卡	

表（续）

序号	危险点分析	安全控制措施	确认
2	触电、感应电伤害	1．开工前必须办理线路第一种工作票。 2．采用合格验电器进行验电并在工作地段两端挂接地线，未接到工作负责人通知，不得上塔作业。 3．接地线拆除后，严禁所有人员上塔。 4．进入导线作业的人员必须使用个人保安线	
3	高空坠落	1．确认杆塔的本体及其基础、拉线和脚钉（爬梯）的稳固情况以及脚扣、爬梯等登高工具、设施是否完整可靠。手脚应抓稳踏牢。杆塔有防坠装置的，应使用防坠装置。 2．高空作业人员应正确使用背带式双控安全带，安全带和保护绳应分挂在杆塔不同部位的牢固构件上，并防止被锋利物损坏。攀登杆塔、杆塔上移位时，双手不得持带工具物品等，作业时不得失去安全防护	
4	坠物伤人	1．作业人员必须正确佩戴安全帽。 2．使用工具袋，较大工具等应固定牢靠，传递物件应使用绳索，禁止抛掷。工作点下方禁止人员通行或逗留，避免垂直交叉作业，无法避免时，应做好防坠物措施。公路边作业，应装设围栏并设专人看护，防止行人进入作业现场。 3．杆塔上作业人员要防止掉东西，使用的工器具、小材料应装在工具袋里。 4．传递物品所用绳索应完好无断股	

2.1.2 安全措施确认

我已知晓上述工作内容、地点、计划时间、人员分工、危险因素及防范措施，精神状态良好。 确认签字：

2.2 作业工序

2.2.1 作业组关键工序安全质量控制

序号	关键工序	风险提醒	确认				
1	验电挂接地线	对线路逐相进行验电，验明线路确无电压后，即在线路上挂接地线。挂接地线时，先挂接地端，后挂导电端，其接地端和导线端必须接触良好、可靠。接地线组件在杆塔上绑扎牢固，不能大幅摆动或掉落					
2	检查防护区	导线对地、树、建筑物等安全距离，注意吊车、爆破等施工点					
3	检查杆塔本体	塔材及螺栓是否缺失、腐蚀或松动。水泥构件是否脱落、露筋、裂纹．					
4	检查导地线及防振锤	地线有无生锈或断股等损伤，导线是否损伤，防振锤有无损坏、滑移，脱落					
5	检查金具	有无锈蚀、裂纹，连接是否正常，开口销是否完好，护线条完好情况					
6	检查导线连接器	弹簧片是否压平，接触是否良好，并沟线夹是否裂纹					
7	瓷、玻璃绝缘子清扫及瓷绝缘子零值检测	清扫绝缘子，检查瓷裙、瓷釉、钢帽、球棍、灌注水泥、弹簧销是否正常，检测绝缘情况，发现零值瓷绝缘子及时汇报					

表（续）

序号	关键工序	风 险 提 醒	确 认				
8	合成绝缘子外观检查	使用专用出线工具，检查伞裙、芯棒是否老化、破损，金属部件连接处密封是否良好。PRTV 涂层是否龟裂、破损、老化					
9	附属设施检查	可控放电避雷针、线路避雷器、驱鸟器、在线监控装置等是否牢固可靠					
10	基础情况	检查基面、排水系统完好情况，接地装置完好情况					
11	拆除接地线	确认本班工作人员均已撤离杆塔后，指挥拆除本班所挂接的所有接地线					

2.2.2 工作监护

专人监护					是□	否□
杆号					监护人	登杆人

备注：作业工序内容可按检修杆塔数量增加页数。

3 作业后

3.1 内业工作

序号	流 程	要 求	确认
1	班后会	工作总结、评价及相应措施	
2	GPMS 流程推进	作业管理相关内容填写、上传完整，发现、处理缺陷记录	
3	录音上传	工作许可、安全措施交待录音	
4	作业文件归档	工作票、检修报表检查并归档	

3.2 作业评价

评价情况：经检查，本控制卡：□ 合格 / □ 不合格，存在____问题，已向____________________指出。

检查人：____________

____年____月____日

3　现场勘察单

××电业局（供电公司）电力线路工作现场勘察单

编号：×××××

工作名称		勘察单位	×××××.
工作范围			
工作主要内容			
现场勘察情况图示（工作范围及保留带电部分图示或地下缆沟管线等布置图）			
现场勘察情况说明	1．邻近、交叉或跨越带电设备距离：		
	2．工作地段周围环境：		
	3．地下管网布置情况：		
	4．其他：		
现场工作安全要求			
审核：×××　勘察人：×××、×××　监理人：×××　勘察日期：××年×月×日			

4 电力线路第一种工作票

×××电业局（供电公司）电力线路第一种工作票

单位：××××　　　编号：××××

1．部门：××××　　工作班组：××××　　工作负责人：×××

2．工作班人员（不包括工作负责人）：×××、×××、×××

共 ×× 人

3．工作线路名称（多回线路应注明双重称号）：110kV××线线路

4．工作任务：

工作地点或地段（注明分、支路名称，线路的起止杆号）	工 作 内 容
110kV××线线路 1～28 号塔	停电综合检修

5．计划工作时间

自××年×月×日×时×分至××年×月×日×时×分

6．安全措施（必要时可附页绘图说明）

应转为检修状态的线路间隔名称	220kV××变电站 110kV××线 112 间隔
	110kV××变电站 110kV××线 135 间隔
应断开线路上的断路器、隔离开关、跌落式熔断器（名称和编号）	
线路上应挂的操作接地线（应写明线路电压等级、名称、杆号和具体挂设的部位	
配合停电的线路	
其他安全措施和注意事项	

保留或邻近的带电线路、设备：

工作班组应挂设的接地线：　　　　　　　　　　　　　　共有 × 组

线路电压等级、名称和杆号（注明方向）	接地线编号		执行人	
	高压	低压	装设	拆除
110kV××线线路 1 号塔小号侧	#		×××	×××
110kV××线线路 28 号塔大号侧	#		×××	×××

工作票签发人（施工单位）：×××　××年×月×日×时×分

工作票签发人（运行单位）：×××　××年×月×日×时×分

工作负责人：××××

7．确认本工作票 1～6 项

许可方式	许可工作的时间	许可人（含非本单位配合停电许可）	工作负责人
电话下达	××年×月×日×时×分	××××	××××
	年　月　日　时　分		
	年　月　日　时　分		

8．工作负责人现场补充安全措施（针对防止倒杆、高处坠落、物体打击等的现场安全措施）：

______

______

______

______

9．工作票延期，有效期延长到：____年___月___日____时____分

延期原因：______

工作负责人签名：__________　　值班调度员签名：__________

10．工作人员变动：

增添人员姓名	日	时	分	工作负责人签名	离去人员姓名	日	时	分	工作负责人签名

工作负责人变动：原工作负责人__________离去，变更__________为工作负责人。

变动时间：___年__月__日__时__分，并已通知工作许可人_____。

工作票签发人：__________

11．工作终结报告：

全部工作结束，工作班人员已全部撤离，现场已清理完毕，所挂接地线共___2___组已经拆除。

终结报告的方式	终结报告的时间	许可人（含配合停电许可）	工作负责人
电话报告	××年×月×日×时×分	××××	××××
	年 月 日 时 分		
	年 月 日 时 分		

12．备注：

（1）指定专责监护人：__________负责监护（人员、地点及具体工作）：__________

（2）监督负责人：

（3）其他事项：①作业人员必须持有与110kV××线杆号牌相同颜色（蓝色）的登杆标记卡，经核对无误后方可上塔工作；②作业人员必须正确使用合格的双保险背带式安全带等安全防护用具；③其他安全措施和注意事项详见班组作业安全质量控制卡。

13．交任务、交安全措施确认

我对工作负责人布置的工作任务及安全措施已明白无误，所做安全措施已能确保我的工作安全。

工作班人员签名：____

____

____

14．评价情况：

经检查本票为______票，存在____

____问题，已向________指出。

检查人：__________________

_____年____月____日

思考与练习答案

1．答：输电线路停电综合检修作业的主要风险有触电、高空坠落、高处落物伤人等安全风险。防触电的主要措施一是严格遵守《电业安全工作规程》，停电作业必须办理第一种工作票，严禁无票工作。二是严格遵守验电后才能挂接地线的规定，在确认线路停电后，严格按照工作票所列措施挂接地线。三是正确使用个人保安线，防止感应电伤害。四是对同塔多回线路或同路径的多回线路，每基塔应设专人监护，同时作业人员登杆塔前必须核对线路名称、编号和色标，防止误登带电杆塔。

2．答：绝缘子清扫应从横担侧向导线侧顺次进行。绝缘子的清扫通常应先用抹布蘸清水或中性洗涤液进行清洗，然后再用干净的干毛巾擦净擦干绝缘子，绝缘子清洗后其表面应干净无脏迹、污垢。清洗绝缘子时，应同时进行绝缘子的瓷裙、瓷釉、钢帽、球棍、灌注水泥、弹簧销以及连接金具、开口销的连接情况检查，压接型耐张线夹的接触情况和紧固情况、防振锤及线夹口处的导线损伤情况或断股情况检查。凡发现有非规范铜质弹簧销、开口销应即予以更换，凡发现导线损伤应根据规定方法予以处理。工作结束，作业人员检查无遗留物后下杆塔。